silêncio
bar

silêncio bar

sara villas

Crivo

Muito cedo uma flor,
ontem mesmo um luar.
Para Flora e Raul.

sumário

ano novo 9.

silêncio bar 11.

já que é sempre sobre a gente mesmo 12.

egos 14.

sessões 15.

bárbara 16.

o desgosto dos outros 18.

eles 24.

gente grande 26.

duo 27.

cética 28.

miúda 30.

o gosto dos outros 31.

casamento 37.

desenhos abstratos 38.

a obra e o ódio 40.

licença 42.

exercícios de escutatória 51.

cor de rosa-choque 53.

disso eu me arrependo 54.

o meu 55.

balanço 57.

que se foda 60.

o plano 61.

primeiras lições 62.

pensamento concreto 64.

casa 66.

a escola da moral e dos bons costumes 68.

para você que acaba de nascer 70.

oficina de escrita 71.

ciborgue 72.

jogo de cena 73.

segredo 75.

recreio 76.

sem título 78.

se deus existisse 80.

rosa 83.

chumbo 84.

madrugada 85.

dia da mentira 87.

a autora 91.

agradecimentos 92.

ano novo

lixar os pés todos os dias
mantê-los limpos
ouvir música bem alto
exceto as infantis
controlar despesas metodicamente
torrar o décimo terceiro
ir ao cinema toda quinta
é menos pelo filme
estar inteira para o bebê
televisão semirrestrita
fazer o esmalte durar mais que três dias
não o comer com os dentes
contar todas as verdades para minha avó
acreditar que assim a manterei viva
não usar salto alto
nem em casamento
passar fio dental sempre
antes da limpeza anual
fazer o plano todos os dias
mas nem sempre
parar de pensar no meu peso
vender roupas para o brechó
cuidar pra não deixar faltar desejo
sobretudo os banais
transformar todos os pães velhos em torradas
não as queimar
colocar pimenta
não em tudo

manter o celular vazio
    quase nada merece ser memória
conversar todo dia um pouco
    pode ser no trânsito
ser mais desorganizada no trabalho
    faltar em caso de doença
fazer o cardápio da semana
    não o seguir
regar as plantas todos os dias
    contratar um jardineiro
não falar muito mal dos outros
    inventar prioridades
alimentar listas no bloco de notas
    consultá-las no mínimo de vez em
quando

entre e fique à vontade
aqui não aceitamos
perfeitinhos

entre e feche a porta para mais
ninguém entrar
gostamos de tête-à-tête

entre e acenda as luzes
aqui não tem meias
palavras

entre saia
e não volte nunca mais
aqui não toleramos falta
de bom senso

entre
mas devagarinho
tem neném dormindo
no quarto

entre e fique
para sempre
a gente cuidará um
do outro no leito de morte

silêncio bar

j
á

q
u
e

é

s
e
m
p
r
e

s
o
b
r
e

a

g
e
n
t
e

m
e
s
m
o

ter nascido em Paris no dia da mentira
concedeu a ela de cara
uma boa história pra contar
e um certo glamour aos alheios
que diz mais deles
do que dela

não fala francês
e contar a verdade
sempre foi seu maior
defeito

casamenteira nata
gosta de estar junto
tanto quanto de ficar só
coleciona maridos

sua mãe sempre disse que era
triplamente ariana
depois soube que não
mas daí
já era

ateia de nascença
crismada por não saber dizer não
sarcástica por opção
análise
por conveniência

aos dezenove perdeu o ar
e disse que tudo bem se morresse
em mais dez foi-se um braço
e disse tudo bem pro resto

muito cedo uma flor
ontem mesmo um luar

e
g
o
s

Ela era de leão.
E ele também.
É por isso que essa não é
uma história de amor.
Ela, a primeira da classe
numa época em que ainda tinha disso.
Ele se orgulhava de duas bombas,
notas baixas em Francês.
Foram elas que os colocaram
na mesma turma do colégio,
ainda que ele fosse três anos mais velho.
A caxias da roça e o intelectual outsider.
Ele ganhara prêmio de poesia.
Ela lutava dia a dia.
O casório na igrejinha do clube.
Ele, de terno jeans.
Ela, de malas para Paris.
E lá se foram, aprender
sur le mariage et
sur la concurrence.

lá aprendi que a culpa não é só deles
nem só minha
que os filhos
são outra coisa além de filhos
que nossos pais são outra coisa
além de nossos
que os pais também precisam
de análise
que a falta é o que nos faz
pulsar e a mania por listas
pode sim ser o tema do dia
que sempre alguém vai saber mais
        e menos

lá lidei cada dia com uma
a mesma
com mais certezas do que dúvidas
o mesmo assunto por semanas
a interpretação do não querer
ir
a vaidade de fazer análise
a clareza de que amores mudam
        e permanecem

lá entendi que não é só sobre mim
        mas é

b
á
r
b
a
r
a

bárbara comia meleca
roía as unhas do pé
dormia sem escovar os dentes
bebia água no bico
sentia um prazer
incomensurável
em defecar
não tinha secreção corporal
que não degustasse
do crocante das remelas
às casquinhas de ferida
dos cravos espremidos
às caspas capilares
do sangue mensal
ao corrimento diário
esperava os bichos
de pé crescerem
os catarros quanto mais verdes
mais saborosos
comia restos do chão
seu cabelo era casa
de passarinho
lambia o prato após
as refeições
campeã nas competições
de arroto
os pés rachados e imundos

os pelos cresciam por todos
os lados
adorava cheirar
os próprios gases
nunca passou fio dental
tirava sebo branco
do dente com o indicador
cera do ouvido com
o mindinho
deleitava-se com o odor
das axilas suadas
voltava com a colher
pro pote depois da boca
regozijava-se com o pus das unhas
encravadas e com o fedor
azedo de seus pés

bárbara era nosso esconderijo
a céu aberto

o

desgosto dos outros

música instrumental
cachorro me lambendo
filmes de três horas
lavar liquidificador
dormir tarde
a roupa da moda
não ser ouvida
a falta de um ingrediente
cantada cafona
pessoas literais
quando especificam o traje
dobrar lençol com elástico
hálito de cigarro
ser a primeira a chegar
invasão de privacidade
fechar o cruzamento
comédia teatral
band-aid no dedo
música que não sai da cabeça
cobrar dinheiro de amigo
maquiagem carregada
exemplos clichês
cheiro de ovo
a turma do outro
lutar contra o sono
tratar cachorro como gente
ressaca moral

conselhos de desconhecidos
gente fresca pra comer
perder o prazo
a extrema direita
roupa que pinica
emprestar o corretivo
ser proibido pisar na grama
teatro interativo
almofada de pescoço
estar no fluxo de passagem em um show
gíria adolescente
estampas de oncinha
perfumes adocicados
quando sou condescendente
vendedores no meu pé
carnaval de rua
enjoo de gravidez
sair do mar
vida feliz nas redes sociais
alça do sutiã embolada
barulho de televisão
o glamour nos aeroportos
espaço kids
festa surpresa
alfabetização precoce
ar blasé
errar o caminho

barba bem feitinha
banheiro químico
água gasosa por engano
deixar pro último dia
a obrigação de fotografar
salto alto em Ouro Preto
colchão macio
adolescentes em bando
fazer xixi dependurada
gêmeos com roupas iguais
ser corrigida
chegar atrasada
designer de sobrancelha
excesso de cavalheirismo
me cortar com papel
quando a palestra é lida
objetos dourados
ter que demitir alguém
o politicamente correto
a espera pelo médico
sombras por trás na passarela
a tradicional família mineira
essa modinha coaching
quando duvidam do homem na Lua
cobertor meio quadrado
falta de senso de humor
zíper invisível

neném engomadinho
quem desconhece o ponto cego
perder no jogo de buraco
que me tirem pra dançar
enjoar da roupa
pseudociência
sabonete pequeno
me sentir turista
a lei de Murphy
esquecer do sonho
trabalhar no dia do aniversário
descobrir que está mofado
burocracia burra
ser parada em blitz
esculturas de pedra sabão
não estar preparada
ter que dar presente
biquinho pra selfie
documentário etnográfico
roupa branca amarelada
discursos prontos
os efeitos da maresia
frio na barriga
alienação parental
apontador gasto
conversa de salão
contar piadas

aquela fitinha para pendurar a roupa
ser novata
vontade de espirrar em vão
foto de paisagem
chamar professora de tia
o clima de academia
frases de efeito
bebedouro com pouca água
meu nome com a grafia errada
final feliz
pagar pra mijar
resolver coisas de banco
esperar esmalte secar
só um caixa funcionando
telemarketing de qualquer natureza
menino machinho
não ter assunto
comprar roupas
ficar vermelha de vergonha
preencher o lattes
o descontrole do ciúme
perder a ponta do durex
corrigir letra feia
jogar comida fora
não estar na mesma vibe
cochicho no meio do filme
frescuras com a chapinha

errar no sal
escada rolante parada
novelas de época
sentir culpa sem ter
dor de garganta da manhã
ficar perdida
book de casamento
suco de avião
escolher a fila errada
quando falta química
discursos inflamados
donos da verdade
gastar tempo apagando e-mail
hora H
água no ouvido
pizza de frango à bolonhesa
dormir no cinema
todo mundo dançando menos eu
quando não tem o preço
banheiro de ônibus
professores autoritários
ficar indecisa
forma de gelo vazia
gente indiferente
mancha de gordura
vaidade acadêmica
lições de moral
poesia

e
l
e o cabeludo mauricinho
s o franzino galinha

o popular inseguro

o esportista cheio de segredos

o espinhento vaidoso

o amigo apaixonado

o tímido falante

o virgem pornográfico

o hippie estressado

o alfa gay

o velho deslumbrado

o metaleiro romântico

o radialista antissocial

o psicanalista depressivo

o cantor desafinado

o virtual frustrado

o adolescente careta

o violinista embriagado

o professor ignorante

o matemático confuso

o sociável solitário

o físico humanista

ela
a sincera arrependida

contraditórios?
discordariam
todos péssimos
em autocrítica

gente grande

escolheu engravidar
aos dezessete
avisou os pais aos dezoito
aos dezenove já pagava iptu e trocava o gás
e as fraldas
aos vinte debatia em reunião de pais
quando não era confundida
com os filhos
aos vinte e um recolheu
os quadros das paredes
aos vinte e dois estava pronta
não fosse aquela escolha

d
u
o

Uno, um relógio.
Adiantado
agendado
ansioso
calculado
controlado
cronometrado
pontual
preciso
programado
regrado
repetitivo
rotineiro.

Uno não se arrisca, Uno não improvisa.

Doutro, não.
Doutro chega sem avisar, é desleixado, num tá
⌐nem aí.
Doutro, um filho pequeno. Mimado insistente
confuso impaciente chorão inconstante inquieto
contraditório mandão complexo intempestivo
manhoso birrento.

Uno bebe chá.
Doutro se embriaga.

cética

mas acredita em horóscopo
e mais ainda em inferno astral
talvez em retorno de Saturno
um pouco em TPM
e já pediu a Deus
pra não morrer
naquele dia

não acredita em energia
nem em espírito
e vida em outros planetas
nenhum anjo a protege
não sabe nome de santo
e nunca rezou
nem quando pediu pra não morrer

mas gosta de igreja
e de cheiro de vela
jamais deu um tostão
nem fez caridade
sequer comeu hóstia
mas queria saber o gosto
que dizem não existir

nunca pecou
nem fez promessa
se perde na missa

pisa no banco
de ajoelhar
sequer é agnóstica
mas escreve Deus
com letra maiúscula

miúda

complexo de inferioridade
todo mundo tem
aos doze, um por dia
o meu, o nariz
depois a perna torta
e até a largura do polegar
o dela, a altura
ou a falta dela
ser pequena
não é problema estético
é da ordem
da identidade
te veem com cara de dez
quando você tem doze
e isso faz toda a diferença

estratégias de sobrevivência ao mundo
normativo
todo mundo tem
criança adultizada
vocabulário complexo
mentalidade madura
nunca usou salto alto
nunca foi ao divã

alguém que ama a gente assim
mesmo
todo mundo tem

meias coloridas
olhar de cumplicidade
pendurar quadros
artigos de papelaria
encontrar o termo certo
dormir de sutiã
careca cabeludo
massagem com força
criança comendo bem
estar em dia
crise de riso
cogumelos na manteiga
uns tipos de alunos
namorar ao acordar
psicologia barata
jeans e camiseta
quando vai pros pênaltis
dar aula sentada na mesa
fazer baliza apertada
covinhas na bochecha
um fiapo de lua
pôr exclamação em tudo!
saber a música de cor
arte contemporânea
morder tampa de caneta
jogar tudo fora
cortar etiquetas de roupas

o gosto dos outros

receber carta registrada
ironia fina
fim de semana em casa
blusinha de dez reais
descabelado de acordar
ter coentro no vaso
falar eu te amo
fotografia espontânea
cara lavada
sociologizar o corriqueiro
estar velha pra balada
fazer buraco na areia
engenhocas de cozinha
quando respondem rápido
desenhos de crianças
falar do que entendo
anotar os gastos
cheiro de carro novo
água quente nas torneiras
paleta de cores
observar as pessoas
acordar com a louça limpa
beijo de língua
colocar calço em mesa bamba
pitanga no pé
o lado B
objetos afetivos

andar de meia
papo de grávida
grafites nos muros
espiar livro alheio no ônibus
provas de múltipla escolha
saber usar uma furadeira
céu cinza
paixão platônica
reunião de pais
comidas com carne crua
programas de auditório
pão com linguiça na estrada
números redondos
metrô semivazio
trabalhar em um turno
fazer supermercado
viagem com rumo
quando finalmente arrota
ataque de bobeira
comprar pela internet
adolescente cabeludo
jogar água fervendo
as entrelinhas
criança com o sapato dos pais
apontar todos os lápis
mudar os móveis de lugar
sorvete de menta

responder quiz inútil
achar erro ortográfico
palíndromos perfeitos
qualquer coisa de nozes
aulas polêmicas
relojoeiro de bairro
luminosidade para estudar
discutir a relação
vernissage com bebida alcoólica
versão final mesmo
insetos coloridos
filmes psi
gente debochada
nomes de esmalte
tênis surrado
bom pagador
temperos a granel
paquerar no trânsito
menina moleca
o dia da faxina
sair à francesa
comprar sempre no mesmo lugar
falar mal dos outros
roubar os palmitos da salada
tudo etiquetado
pichações criativas
ser selecionada

ir sozinha ao cinema
nossa música no rádio
drinques exóticos
sentir vergonha alheia
tomate no café da manhã
quando acaba
zoar os parabéns
lembrar o nome daquilo
abrir todas as janelas
a efemeridade da paixão
voltar para casa
a palavra comezinho
fazer checklist
os antissociais
entrevista de emprego
feirinhas de rua
trocadilhos óbvios
viagem a trabalho
imaginar nomes pra filhos
a parte de cima do beliche
cheiro de maconha
as idiossincrasias
namorado de bom humor
elogios para meus filhos
almoçar sanduiche
transar de camisinha
bucha nova na pia

estampas de poá
procrastinar arrumando gavetas
festas infantis
esses queijos mofados
trabalhar de pijama
conversar sobre o dia
tinta colorida na impressora
chuveiro de hotel
chupar limão capeta
quebra-cabeça de mil peças
piadas internas
poesia

nunca tinham brigado
e ela achava
a relação perfeita

aí brigaram

e ela passou a achar
a relação perfeita

casamento

desenhos abstratos

animais de infância:
um peixe suicida
uma tartaruga desde recém-nascida
um dobermann pelo qual me sentia perseguida

acidentes de pequena:
um vaso na cabeça bem no quintal
um dedo sem unha naquele pedal
um cinto na testa que não foi por mal

traumas de lembrança:
as brigas em francês
o segredo de uma gravidez
o medo de todos serem ETs

brincadeiras de criança:
cidades de toquinho
corridas de carrinho
jogos de caminho

só meu:
laudas datilografadas
desenhos abstratos
papéis de carta colecionados

dos cadernos:
memórias aprisionadas
felicidades apropriadas
fotos bem tiradas
a infância toda narrada

a herança:
o devido peso
o devido valor

a
o
b
r
a

o aviso veio em uma terça-feira
de outubro
às onze da manhã

vão derrubar a casa vizinha

e

e construir um prédio e você vai perder seu
sol e vai ter barulho dia e noite e o muro será
o reconstruído e já descobriram que a caixa de
esgoto está vazando e as gotas de concreto
ó cairão justo na pitangueira e nada de brincar
d sozinho no quintal e o quartinho vai ser
i desabrigado e pode demorar anos e não
o quero nem saber vão ter que repintar a parede
de vermelho sangue e quando estiver quase
acabando ainda tem o ruído do corte das
cerâmicas e vai ter gente olhando pro seu
terreiro e jogando bituca de cigarro e
churrasco na varanda gourmet

puseram um tapume rosa no muro
desses próprios dos tempos de eleições

do lado de lá
do tapume
comiam manga do vizinho da esquerda
de direita

me viram pelada e fingiram
que não
viviam num bom-dia tímido
desses pra dentro
ouviam música alta
e ruim
falavam do coiso
e bem

do lado de cá do tapume
a alergia a poeira voltou
na via esquerda
a sesta do neném nunca mais foi
a mesma
chamávamos todo mundo de
moço
apareceram baratas maiores
víamos tudo como caos
desordem
e ódio
cantamos ele não
bem alto
naquele domingo

licença

Necessita de afastamento de suas atividades laborais por 120 (cento e vinte) dias.

1º Realmente foi uma "boa hora".

2º Não deixar o umbigo infeccionar, meta número um.

3º De repente a gente só fala susurrando.

4º A mãe é que tem que chuchar o peito na boca do neném.

5º Contrariei as recomendações e não passei as roupinhas.

6º Pode usar o.b. depois do parto?

7º A enfermeira trouxe aplicativos de música clássica em casa, novos tempos.

8º Fez xixi na banheira, fingi que não vi.

9º Primeira vacina, o pai chorou e pediu pra não contar.

10º Comi pimenta e ele nem teve gases.

11º A garrafa térmica com água morna pro bumbum agora é pro café .

12º Banho de balde é uma moda incrível.

13º Bebês não podem mais dormir de bruços, frustração.

14º Fez xixi no trocador e foi parar na orelha de novo.

15º Pra que serve esse tanto de pano de enrolar bebês?

16º Grupo de apoio para "obsessivos em tirar fotos do filho", 14:30.

17º Meu filho tá na Carta Capital, comunista.

18º Sou a favor de acordar o neném para as visitas.

19º A médica disse que ele não tem queixo, meu Noel Rosa.

20º Até que idade tem que pôr pra arrotar depois que mama?

21º Espirro, pum, tosse e soluço valem como arroto?

22º Meu neném não acorda de noite, não deixar as outras mães saberem.

23º Pra que servem os sapatinhos de bebês no verão?

24º Dar o banho de noite foi uma dica preciosa, os pais capotam.

25º Ignorei um conselho e passeamos de canguru antes de um mês.

26º A almofada de amamentação virou uma extensão do meu corpo.

27º Chegou carta registrada na hora da mamada, foi um sufoco.

28º Não caí nessa de bolsas para bebês, comprei uma mochila qualquer em que coubesse também a minha carteira.

29º A pediatra parece só querer saber se o menino cresceu e engordou.

30° Primeiro mês, consegui mantê-lo vivo.

31° Você troca o cheiro de óleo da gravidez pelo de leite da amamentação?

32° Deixou de ser vesguinho, ufa.

33° Prêmio Nobel de engenhoca útil para o inventor da babá eletrônica.

34° Vesti uma calça jeans, existe vida pessoal pós-parto.

35° Já pode voltar a transar?

36° O que fazer com as dúzias de camisas polos herdadas do primo?

37° Já chamo meu marido de papai, jurava que isso nunca aconteceria.

38° Primeira vez que um GG ficou pequeno, não existem mais sutiãs para mim.

39° Terminei a terceira temporada de Black Mirror.

40° O termo médico para regurgito é "efeito de transbordamento".

41° Que praga isso do diminutivo: meinha, blusinha, banhozinho, leitinho, papaizinho, fraldinha, cocozinho, orelhinha, cabelinho, brinquedinho, mediquinha, cuzinho.

42° Aplicativo de controle de mamadas, como vivíamos sem?

43° Pais professores: inventamos de dar nota para o comportamento no banho.

44º Tinha um osso estranho no cantinho do pé,
o raio-X disse que é charme.

45º Ganhou um body escrito "Combinação
perfeita: papai + mamãe = eu", vergonha de usar.

46º Meu filho é a minha cara e não sei se isso
é bom.

47º Não teve cocô hoje e não sei se isso é bom.

48º Acabaram as lembrancinhas de nascimento,
fim da temporada de visitas.

49º Neném bonzinho demais, pai frustrado sem
aplicar técnicas infalíveis de sono.

50º Nunca mais ouvimos músicas de adulto.

51º No Brasil existe uma lei que proíbe que uma
mãe amamente o bebê de outra.

52º No trabalho com o neném, até quem não gosta
de você fica babando.

53º Vai ser desses alunos que faz biquinho quando
está pensando.

54º Nunca mais fiz vitamina no liquidificador de
noite.

55º Fralda ecológica é uma moda contraditória,
não aderi.

56º Não sei nada do que está acontecendo no
mundo.

57º Sei tudo sobre o esperado do comportamento
humano aos dois meses.

58º Posição preferida no berço, 127º para
esquerda.

59° Puxou o móbile de missanga com força, agora é esperar sair no cocô.

60° Não para de chorar, o que ele tem? Dois meses.

61° Fiquei 17 minutos com vontade de coçar a testa, sem poder mexer pra não acordá-lo.

62° Zerei o joguinho do celular dando mamá.

63° Teve impeachment? Onde eu estava? Ah, não, foi golpe.

64° Se o neném chorar de ficar sem fôlego é só lhe soprar o rosto.

65° A tia-avó disse que o pediatra dos anos oitenta recomendou uma colher de leite condensado para a filha parar com a diarreia.

66° Dizer que o bebê é grande e gordo é o maior elogio que se pode fazer a uma mãe.

67° Uma mamada, uma cagada.

68° Galinha Pintadinha pela primeira vez, lavei a louça tranquilamente.

69° Lendo "para educar crianças feministas" em casal, nada de machinhos.

70° Não é Artur, é Raul, porra!

71° Não dei chupeta e me arrependi.

72° A amiga que não consegue engravidar veio em casa, senti culpa.

73° Shantala com óleo de coco e música de meditação, hippie.

74º Como era quando não tinha o neném em casa?

75º Já ama o móbile de planetas que fizemos, valeu a trabalheira.

76º Flagrei o pai se olhando no espelho com o neném.

77º Sofre da SIP (síndrome das pernas inquietas), tem cura?

78º Nova mania, fazer versões pornográficas das músicas infantis.

79º Oficina de escrita criativa, bora escrever sobre o neném.

80º Crianças de três anos visitando recém-nascidos, furada.

81º O neném não chora, ele ranheta.

82º Alguém falou: "ele já tem a cara que vai ter".

83º Fomos ao cinema e o bebê chorou pra dormir, nunca chora.

84º A curva de altura pediátrica diz que meu filho é alto, mas ele é tão pequenino.

85º Também queria ser flexível a ponto de colocar meu pé inteiro na boca.

86º Ainda tem pelinhos na orelha, acho feio.

87º Nunca foi tão fácil beber dois litros de água por dia.

88º "Sua feiura está assustando o menino" é a brincadeira mais recorrente entre homens.

89º Quando vejo outro neném agora, sei exatamente a idade que tem.

90º Dei caldinho de kiwi e ele amou.

91º O neném possui um sensor que o acorda quando o almoço dos adultos está pronto.

92º Aprendi a fechar gaveta com a testa e digitar com o cotovelo, ao mesmo tempo.

93º Sei que é esnobe, mas me orgulho de ter tido parto normal.

94º Viajamos de avião e a bomba de cocô veio na hora da decolagem.

95º Remédio para lombalgia passa pelo leite e dá sono, não vi meu filho hoje.

96º Comprei um chapéu lindo na feirinha cult. Depois descobri que era do Chaves.

97º Já estou achando que era feinho no primeiro mês.

98º De repente todo mundo ri pra você na rua, efeito neném.

99º Será que a lua dele é em virgem?

100º Brechós não são coisas só da minha filha universitária, tem pra nenéns também.

101º Achei que fralda descartável seria mais caro do que é, ainda não fali.

102º Se amamos tanto o neném, por que só queremos vê-lo dormindo?

103º Ganhou um dinossauro de crochê e ficamos brincando de Alien.

104º Virou na cama, mudou de nível.

105º Assistiu a primeira defesa de tese na Faculdade de Educação.

106º Usei a bomba de tirar leite e fiquei quatro horas longe, pensando nele.

107º Descemos o beco com o carrinho a todo vapor, abriu o berreiro.

108º Meu marido já canta e dança todo o repertório do Palavra Cantada, do Tiquequê e dos Grandes Pequeninos.

109º Uma pena quando a roupa linda e cara fica pequena no segundo uso.

110º Amamentação exclusiva, não aguento mais.

111º Todos os bichinhos de pelúcia já têm nome, Iuri, Hélio, Agronopoulos, Carmélia, Pogo, não queira saber as histórias.

112º Mudar de casa durante a amamentação exclusiva foi o maior desafio até agora.

113º Neném gosta é de altura e movimento, passei o dia de pé chacoalhando.

114º Acho que já amo meu filho.

115º Fiz xixi dando o peito.

116º A pediatra disse que pode comer todas as frutas, exceto kiwi, fiz cara de paisagem.

117º Quietinho no ombro, verifiquei no espelho se o olhinho estava aberto ou fechado.

118º Nunca tive tanta vontade de largar o trabalho pra sempre.

119° Nunca tive tanta vontade de ir trabalhar.

120° Não sei de onde vem isso, se é instinto ou cultura, mas que é, é.

lá aprendi que tem que ser um de cada vez
que o silêncio não pode ser absoluto
nem o barulho absurdo
menino precisa pôr pra fora

que a gente aprende é com os outros
com o jeito de explicar
e um pouco com as letras
menino precisa conversar

que o afeto é valoroso
saber o nome de cor
faz de cada um, um
menino precisa ser cuidado

que nem sempre vai ser legal
que a ciência é custosa
e o tédio inevitável
menino precisa ser na marra

que a ordem gera ócio
que a lógica perversa do trabalho começa cedo
que não tem escolha
menino precisa é poder brincar

exercícios de escutatória

e que é tudo igual
a arte de negociar
uma guerra
menino precisa ser acreditado

estava decidida
seria uma experiência sociológica
pôs a roupa rosa no menino
e lá se foi

não fez penteado
não colocou brinco
não enfeitou com laço de fita
não tratou diferente
não mudou de pracinha

por uma manhã
teve uma princesa

naquele dia
a militância foi calada
e cor de rosa-choque

d
i
s
s　　eram casados
o　　cada um com seu par
　　　o dele, uma montanha russa
　　　sobravam loopings
e　　o dela, um mar calmo
u　　faltavam ondas

m　　se enamoraram
e　　fingiram não ser nada

　　　a ele, sobrou o rosto róseo
a　　a ela, faltou peito
r

r　　tanto as curvas do mar
e　　quanto as retas do jogo
p　　viraram imaginação
e
n
d
o

o

m

e

u

lê para mim no banho
esquece a toalha todo dia
divide problemas existenciais
no café da manhã
enquanto analisa meus sonhos à la Freud
experimenta do meu leite
e gosta, é doce
não tem medo de cores nas paredes
faz vozinha mesmo não sendo desse tipo
conversa sobre os filmes
que eu escolho
pariu comigo
e cria
troca o plano do dia
dorme no meio da minha fala
lambe os beiços pro meu rango
enche o carrinho de guloseimas
não faz clima
mima minha filha
pergunta como foi
debate séries a sério
muda de lado
não dá presentes nas datas
tem um relógio biológico compatível
faz massagem a qualquer hora do dia
prefere quando somos só nós
entende meus textos

não lava a louça nunca
conversa sobre ex
traz besteiróis pra sala
quebra-cabeça junto
olha pra mim
por dentro e por fora

aqui o amor é outra coisa
a mesma

**b
a
l
a
n
ç
o**

Entramos em estado de greve
a partir daí vi de tudo
alunos no pátio se recusando a entrar em sala
professoras se coçando pra entrar em greve
professores com medo
escolas em que nem se falou disso
que o coletivo é o que faz aderir
alienação e indiferença
escola aberta para os pais cuidarem das
crianças em greve
direções que não entenderam que greve é greve
escolas exigindo planejamento para professores
porque mesmo sem eles haveria aulas
diretores garantindo direitos apenas na sua
                                     ⌈ escola
que isso não servia
diretores usando a greve pra fazer lobby pessoal
professoras impedidas de falar do assunto
                                   ⌈com alunos
quem paralisou, mas não parou
alunas na assembleia sendo ovacionadas
escola ocupada
político fazendo politicagem
político fazendo política
ouvi buzinas a favor, ouvi buzinas que não
                                   ⌈entendi
mães orgulhosas dos filhos em greve

direções tentando decidir, a despeito, quando
　　　　　　　　[teria ou não aulas
motorista furando sinal com medo de
　　　　　　　　　[manifestantes
crianças no TRT
a greve virando moda
nas redes sociais
gente fazendo greve pela primeira vez
ponto sendo cortado
mais alunos do que pais
aqueles que não levantam a mão nem para
　　　　　　　　[se abster
gente que estava ali e não acredita
aluno querendo saber o que era sindicato
que a relação professor-direção mudou
　　　　　　　[independentemente
pais impedindo filhos de irem para a escola
que as posições ficaram mais claras
erros na comunicação
que tem que assinar para ter validade
calados na multidão
militantes sendo mães
gente que não via há muito tempo
um sindicato mais fortalecido, apesar de
pais tratando filhos como mercadoria
gente que só aderiu depois que todo mundo
　　　　　　　[aderiu

gente que aderiu e não estava nem aí
que às vezes vira carnaval
termos que nunca tinha ouvido falar
pais indignados, pro mal
dona de sindicato viajando no olho do furacão
que "nenhum direito a menos" não seria literal
cartas pra tudo quanto é lado
gente virando militante do dia pra noite
que o coletivo vai até onde o indivíduo se sente
           [ameaçado
demissões por vir
diretores não sabendo lidar com a greve
que agora podia participar, antes não
gente rindo para selfies
territórios sendo demarcados
que às vezes é inegociável
a greve virando nacional
escolas com medo de serem as únicas a permanecer
que a adesão de faculdades muda a cara do
           [movimento
que um bom discurso muda opiniões
vídeo de aluno tudo junto e misturado
assembleia cheia em véspera de feriado
unanimidade e divisão
que mais dois dias eram uma questão de honra
vi que a greve ia acabar

q
u
e

s
e

f
o
d
a

nem
vem
com
essa
de
elogiar
meu
cabelo
quero
que
se
foda
a
padronização
estética
dessas
mechas
murchas
parcas
ralas
fulvas
lânguidas
e
rotas

o plano

desde criança
páginas e mais páginas
distribuindo seus
objetos afetivos

aos treze todos os dias
mas o plano
ainda era falível

aos catorze quase
mas não podia
sendo virgem ainda

depois menos
com filhos a culpa é maior
a vontade também

mas sempre um pouquinho
queria sem deixar
dívidas

dizem que é fuga
ela que é tédio

p
r
i
m　　regra número um
e　　　　não subir pela rampa de descida do
i　　　　　　　　　[escorregador
r　　　　exceto quando
a　　　　　se é neném
s　　　　　está vazio
　　　　　já se é tão veloz que o faz antes
　　　　　　　[de outra criança subir

l
i　　dois
ç　　　　entrar na fila do escorregador
õ　　　　　deixar de ser café-com-leite
e
s　　três
　　　　cada hora um brinca um pouco
　　　　não precisa empurrar
　　　　　sempre alguém empaca
　　　　　peça licença
　　　　　　nunca adianta

　　quatro
　　　　todo mundo é amigo
　　　　mesmo que seja a primeira vez
　　　　mas ninguém é

cinco
    quando indagado, diga a idade em anos e meses
      antes do nome
        depois explique se é menino ou menina

seis
    pais
        brancos podem ter filhos negros
        negros podem ter filhos brancos
        velhos nem sempre são avós
        jovens nem sempre é fase
        babás quase sempre são de branco

pensamento concreto

não existem mais índios pelados nos livros de
[História
frustração do dia
quando eu fizer 18 anos vou poder chupar
[bala e chicletes à vontade?
tentando entender hierarquia
existe escola que não é democrática?
tentando entender política
cheguei à conclusão de que o universo
não teve um começo
o estereótipo de urbano é que
quem faz os estereótipos são eles
biscoito recheado é o que faltará no campo
quando da greve dos caminhoneiros
mesmo se o cara fosse feio?
as mulheres da idade média não escolhiam
[os maridos
lá eu posso dar uma de meu eu?
a dúvida quando dos recados sobre a excursão
promiscuidade é uma pessoa que faz muitos
filhos
quando não precisou de dicionário
quem expulsou os índios de suas terras?
os humanos
o fakenews falou que
não importa
já que não se pronuncia o T

meu nome em francês é ais?
se você não fosse ateia seria perfeita
falou o bom cristão
pra mim já se passaram mais de 500 anos e a
Terra continua muito chata!
sobre os terraplanistas do século XVI
quando produzimos mais alimentos do
que precisamos geramos a gula
tentando entender excedente de produção
a carta do Prestes para a Olga estava toda
riscada
erros ortográficos?
o Cavalo de Troia é um mito
fim da infância

c
a
s
a

mudar de casa é zerar
desapegar com culpa
ficar o dia inteiro por conta
implorar por caixas em supermercados
aceitar que fitas VHS não fazem mais sentido
arranjar alguém para ficar com o neném
lembrar de viagens e se conformar
atrapalhar o trânsito na porta de casa
achar aquela tampa perdida há séculos
sofrer sem internet por um dia
rever a dúvida sobre a geladeira sair no início
⌈ou no final
pôr na balança quilos de garranchos infantis
tirar poeira da furadeira
criar uma lista improvável de afazeres
se achar magro nas fotografias
perceber o quão sujo estava atrás dos móveis
admirar as cores novas nas paredes
achar todo o resto velho por causa delas
jurar que não vai demorar a pendurar os
⌈quadros
lembrar de beber água
descobrir qual será a padaria
não ter certeza de banho quente
surpreender-se com o gosto musical dos novos
⌈vizinhos

fazer os mesmos móveis se encaixarem
zelar pelas quinas
ansiar pelo dia a dia

a
e
s
c
o
l
a

d
a

m
o
r
a
l

e

d
o
s

b
o
n
s

c
o
s
t
u
m
e
s

Na Escola da Moral e dos Bons Costumes tem
    caderno de caligrafia
    letra bonita
    garranchos sujeitos a punições
    caderno impecável
    tudo programado
    desleixo sem recreio
    uniforme obrigatório
    vontades limitadas
    cabeças abaixadas.

Na Escola da Moral e dos Bons Costumes não
                              [pode
    sentar na mesa
    desenhar
    palavrão
    polêmica
    política
    corretivo líquido
    questionar gênero
    chicletes
    ideologia
    estilete
    reclamações
    pichação no banheiro
    acampar
    opinião

boné
se arriscar
beijar
partido
religião, mas tem.

Os anos, dois mil.
O século, XIX.

p
a
r
a

v
o
c
ê

Em dez anos, seu pai terá menos cabelos
sua mãe, mais quadril
sua irmã, uma profissão
a vovó, uma dúzia de livros publicados
seu avô, novos carimbos no passaporte.

Disso tudo a gente já sabe.

q
u
e

Mas quem será você, que acaba de nascer?
Vai gostar de tomate?
Já terá tirado as rodinhas?
Vai saber fração?
Continuará dorminhoco?

a
c
a
b
a

Terá nascido o queixo?
Já vai ter ejaculado?
Será o bagunceiro da casa de ferreiro?
Canhoto?
Mais uma irmã?
Prescrição pra Ritalina?

d
e

Um primeiro amor?
De doce ou de sal?
Do dia ou da noite?

n
a
s
c
e
r

Alto, baixo, magro ou gordo?
Já me odiará?
Tocará Raul?

Disso tudo, a gente nada sabe
e é melhor que seja assim.

15 de abril, quinta-feira, 14:30 - exercício 4/10

O mundo se divide entre pessoas que
anotam e cumprem
anotam, consultam e não executam
anotam e nunca mais voltam
não anotam nada, mas se
lembram de tudo
não anotam nada e sempre se
esquecem
não anotam nada porque não têm
nada a fazer

Compram de papel e preenchem
[apenas a página de identificação.

Só um tipo se importaria em falar sobre essa
compulsão, obsessivos em traçar um plano,
elaborar obstinadamente um cronograma
mental e fatual do próximo passo, do porvir.

Costumam ser do tipo que inveja Easy Rider,
mas, definitivamente, são checklist no
travesseiro.

ciborgue

caro Freud
ando precisando de ti
para me explicar esses nudes
interpretar essas selfies
decifrar essas redes
entender o tal bullying
questionar o assédio
programar meu status
acreditar no mundo ciber
permitir-me o poliamor
construir minha imagem
recriar o meu post
exibir meus dois pais
libertar-me de meus filhos
aceitar os nativos
definir o meu gênero
inventar um perfil
me tornar um ciborgue

enfiou a mão
no liquidificador ligado
ainda bebê
vitamina de morango

trabalhava em uma fábrica
na infância
efeitos de uma máquina
com defeito

mais tarde tudo pegou fogo
entre labaredas foi às pressas
anos para a pele
se recompor mal

outro dia presa no portão
eletrônico por
uns segundos só

aquela vez foi o óleo na pista que fez
o carro derrapar e capotar
quebrar o vidro
estraçalhar o esquerdo

teve também a máquina tipo
rolo compressor
ao menos foi só
o braço

e a clássica cena de filme
em que o cara
preso no trilho de um trem
é obrigado a se decidir
por um membro do corpo

às vezes esqueço
às vezes me lembram

segredo

não vou contar

r
e
c
r
e
i
o

Esse café já é o de hoje?

O 7°B também estava insuportável com vocês?

Alguém mandou o planejamento que era
[pra ontem?

Não sei por que não deixam os meninos irem
[embora depois da prova.

Só pode ser hiperativo, não dá conta da escola
de jeito nenhum.

Que invenção de moda essa feira de cultura
[temática.

Jura que o sábado letivo já é esse agora?

Perder a avó não é desculpa pro menino ficar
um mês sem fazer para-casa.

Trouxe revistinha da Natura

Vocês viram o que o Ministro da Educação
[falou ontem?

E olha que os pais são professores
universitários, hein.

Ela é uma fofa, mas é muito fraquinha.

A gente vai falar rapidinho na reunião
[de pais, né?

Mas ele tem algum laudo?

Não acredito que minha atividade não ficou
[pronta pra hoje, mandei na segunda.

Pra que precisa de reunião? Estou lotado de
[coisa pra fazer em casa.

76

Vocês viram o que o doidinho aprontou na
[aula de inglês?
Vou dar prova no 4º horário, posso pegar um
[pedacinho da sua aula, se precisar?
Falta capital cultural.

Foi golpe.

Não foi golpe.

Pessoal, vamos lá?

Já tocou o sinal.

Tô de janela.

ele dorme	ela chora
ele chora	ela não sabe
ele mama	ela cama
ele acorda	ela desiste
ele dorme	ela resiste
ele sabe	ela pira
ele dorme	ela come
ele gira	ela ri
ele dorme	ela o acorda
ele chora	ela vence
ele dorme	ela bebe
ele mama	ela ama
ele resiste	ela esquece
ele dorme	ela goza
ele some	ela pira
ele ri	ela filma
ele chora	ela chora
ele dorme	ela rala
ele caga	ela cheira
ele fala	ela entende
ele canta	ela ama
ele dorme	ela olha
ele birra	ela berra
ele banha	ela cheira
ele mija	ela molha
ele grita	ela silêncio
ele anda	ela cai

ele chora

ele dorme

ele corre

ele dança

ele peida

ele cai

ele rala

ele vive

ela pira

ela dorme

ela corre

ela repete

ela ri

ela ri

ela lembra

ela se rende

s
e

Aquilo realmente aconteceu?
d Como
e sei que estou vivo?
u existimos?
s saber se deus existe?
surgiram os seres humanos?
De onde viemos?
e Do que é feita a nuvem?
x É
i bom ter medo?
s melhor ganhar ou perder?
t possível saber algo com certeza?
i Existe mal e bem?
s Nós somos
s os únicos seres nesse universo?
e O azul que eu vejo é o mesmo azul que você vê?
O que
acontece depois da morte?
existe além do universo?
Por que
a nuvem se chama nuvem?
a gente
envelhece?
estuda?
morre?

as pessoas seguem a moda?
eu estou na terra?
eu nasci?
existem guerras?
existimos?
eu tenho dez anos?
há tantas estrelas?
não sei se sou uma boa pessoa?
o céu é azul?
o mundo existe?
o tempo passa?
    temos
        que aprender matemática?
        que arrumar o quarto se vamos
            ⌈bagunçar novamente?
        que estudar?
        que saber calcular uma raiz
            ⌈quadrada imperfeita?
Quantas pessoas
    deixaram de usar canudinho plástico no
            ⌈último ano?
    morrem por minuto?
    têm os pais com o mesmo nome que
            ⌈os meus?
    estão pensando nisso agora?

Quem foi a primeira pessoa da Terra?
Se deus criou tudo quem criou deus?
Será que
        alguém morreu desde o início deste
                        [poema?
        alguém passa shampoo duas vezes no
            [banho, conforme a recomendação?
        é bom ser imortal?
        é tudo sonho?
        estou me esquecendo de algo?
        tem outros planetas como a Terra?
        mais alguém no mundo escova os
            [dentes cronometrando três minutos?

r
o
s
a

minha cor favorita
é o colorido
disse a menina com
nome de
cor e flor

isso resolve tanta coisa

c
h
u
m
b
o

foi assim: estava tudo pronto

a ideia era desconstruir estereótipos de gênero
criaríamos personagens masculinos
antimachões
o cheiro do feminismo pairava no ar
os alunos todos envolvidos
como nem sempre é
e nem valia ponto

tudo decidido
quem ficaria até mais tarde na escola
quem era o mais alto pra pregar o título lá
                                    [em cima
que cor de fundo combinava mais com o
                          [dançarino negro
que a drag queen Anastácio era a mais bem
                              [desenhada
e o virgem Jairo, o mais bem acabado
que a criatividade estava no estiloso Mohamed
e a sensibilidade no choro de Márcio.

mas Antônio foi subversivo demais
porque além de velho era gay

e veio a censura
e foi tudo proibido
novos tempos de chumbo
e estava tudo pronto

Morava na rua vendendo batatas encontradas
⌐no chão.
Meu filho namorava a cantora pop do clipe.
Sempre me sentava na fileira de alunos,
⌐mesmo sendo a professora.
Daria uma palestra, sobre um assunto do qual
⌐não dominava, para a Dilma.
O McDonald's funcionava em um calabouço
⌐escuro e era tudo de graça.
Eu tinha poucos segundos para desativar uma
⌐bomba e nunca conseguia.
O Rodrigo Santoro me paquerou e eu não dei
⌐bola, ele era pobre.
Meu pai tirava fotos artísticas ao levar o neto
⌐doente para o hospital.
Nunca conseguia dar uma mordida nas
⌐comidas mais deliciosas.
Meu marido era outro.
Não tinha forças para andar, cada passo um
⌐esforço incomensurável.
Meu avô, morto há anos, levava o neto para a
⌐pracinha.
Existia uma associação russa de senhores que
⌐consertavam bonecas de pano perdidas.
De repente meus dentes ficavam moles e iam
⌐caindo um a um.

Minha mãe fora traída pela melhor amiga no
⌐consultório da analista.
Meu carro era um pequeno objeto que eu
⌐transportava com as mãos.
O local do check-in no aeroporto era uma
⌐casa que comprava cobras gigantes de ouro.
Minha filha era menor que um polegar.
Descobriram que minha avó era imortal.
Ao dirigir, não via nada.
Minha coordenadora fazia parte de uma seita
⌐evangélica milionária.
Sempre me atrasava para o voo e nunca sabia
⌐se o perdia.
O Paulo Henrique Amorim era o costureiro
que faria as saias de chita das meninas para a
festa junina, mas morria antes de elas ficarem
prontas.

dia da mentira

pôs uma roupa
fazendo o tipo
desleixada fantasiou-se
de blasé e foi
para a rua
na tentativa de cruzar
com uma crônica
tinha prazo
toda terça à noite
desde que se forjara
usou bicicletas
clichê
na grama do parque
fingiu ler um livro de carne e osso
vestindo óculos escuros
vintage dia a dia a repetir
Amélie Poulain ora teatralizando um
amor à la Truffaut
ora neurótica como uma
de Woody Allen
tinha gatos estavam na moda
almoço casual no vegano trivial
baforou um saborizado
sem tragar suas melhores ideias
eram de outrem

sua vida uma imitação
de si
fim de tarde somente
o papel branco era original

a autora

Sara Villas nasceu em 1979 em Paris,
foi criada em São Paulo
e mora em Belo Horizonte.
Nunca soube dizer se era francesa,
paulista ou mineira.
Enquanto procurava seu lugar
teve dois filhos,
meia dúzia de maridos,
alguns milhares de alunos
e uma porção de bobagenzinhas ácidas
e bem-humoradas surgidas disso tudo.

Silêncio Bar é seu primeiro livro,
logo de poesia, de que ela também
nunca soube dizer se gostava ou não.

agradecimentos

À minha mãe, Mariângela Haddad. Pela leitura desde o início. Por ser meticulosa. Por não interferir no conteúdo. Por entender que é parte e aceitar meu olhar.

Ao meu. Por já saber de todas as histórias. Por ser pra quem eu tenho vontade de mostrar. Por saber não criticar. Por debochar junto.

À Laura Cohen, por ter dado uma cara, uns cortes e vários toques. Que mudaram tudo.

www.ogostodosoutros.com

As poesias "O gosto dos outros" e "O desgosto dos outros" originaram um site e uma proposta de poesia expandida, aberta e colaborativa, sobre coisinhas cotidianas que ora nos aprazem, ora nos enfurecem.

Vai lá.

© 11/2019, por Sara Villas
© da edição 11/2019, por Crivo Editorial

Edição: Haley Caldas e Lucas Maroca de Castro
Capa e projeto gráfico: Haley Caldas
Foto da autora: Iara Cabral
Revisão: Amanda Bruno de Mello

Dados Internacionais de Catalogação na
Publicação (CIP) de acordo com ISBD

V726s	Villas, Sara
	Silêncio Bar / Sara Villas. - Belo Horizonte: Crivo Editorial, 11/2019.
	96 p. ; 14cm x 21cm.
	Inclui índice.
	ISBN: 9.786550.430139
	1. Literatura Brasileira. 2. Poesia. I. Título.
2019-1906	CDD 869.1
	CDU 821.134.3(81)-1

Elaborado por Vagner Rodolfo da Silva - CRB-8/9410
Índice para catálogo sistemático:
1. Literatura Brasileira : Poesia 869.1
2. Literatura Brasileira : Poesia 821.134.3(81)-1

Crivo Editorial

Rua Fernandes Tourinho, 602, sala 502

30.112-000 - Funcionários - Belo Horizonte - MG

www.crivoeditorial.com.br
contato@crivoeditorial.com.br
facebook.com/crivoeditorial
instagram.com/crivoeditorial
https://crivo-editorial.lojaintegrada.com.br/

Obra composta em famílias de Abadi e Bell, sobre cartão 250g/m², para a capa; e o pólen 90g/m², para o miolo. Impresso em outubro de 2019 em Belo Horizonte para a Crivo Editorial.